Die reine Wonne war's

Gedichte zu biblischen
Geschichten

REINER STRUNK

Die reine Wonne war's

Gedichte zu biblischen
Geschichten

Die Deutsche Bibliothek verzeichnet diese Publikation in der Deutschen Nationalbibliografie; detaillierte bibliografische Daten sind im Internet über http://dnb.ddb.de abrufbar.

© 2009, Verlag und Buchhandlung der Evangelischen Gesellschaft GmbH, Stuttgart
Augustenstraße 124, 70197 Stuttgart, Telefon 0711/601000, Fax 6010076, www.verlag-eva.de

Alle Rechte vorbehalten.

Gestaltung und Satz: Cornelia Fritsch, Filderstadt
Druck: Druck- und Medienzentrum Gerlingen, GmbH
Umschlaggestaltung: Atelier Reichert, Stuttgart
Titelfoto: Archiv

ISBN 978–3–920207-33-9

Inhalt

Vorwort	7
Baum Geschichten	13
I. Vom Baum im Garten zu 1. Mose 3,1–7	15
II. Auf dem Baum zu Lukas 19,1–6	18
III. Die Wahl der Bäume zu Richter 9,8–15	21
IV. Der Feigenbaum zu Lukas 13,6–9	25
V. Der Baum am Wasser zu Psalm 1	28
Boot Geschichten	31
I. Die Arche zu 1.Mose 6–8	33
II. Simons Fischzug zu Luk 5, 1–11	37
III. Stürmische Fahrt zu Matth. 8,23–27	40
IV. Jonas Schiffsreise zu Jona 1	46
V. Simon ohne Boot zu Matth. 14, 22–33	50
Stein Geschichten	53
I. Der Stein von Bethel zu 1. Mose 28, 10–22	55
II. Ein Schleuderstein zu 1. Sam. 1	59
III. Der erste Stein zu Joh. 8, 1–11	63
IV. Ein Grabwächter zu Matth. 27,62–28,8	68
Humoreske	73
Petrus ante portas zu Apostelgeschichte 12	75

Vorwort

Die Bibel erzählt. Sie erzählt recht unterschiedliche Geschichten aus weit entfernten Zeiten. Gelegentlich sind sie von der Art, dass man ein Augenzwinkern beim Erzähler und ein Schmunzeln bei den ursprünglichen Hörern zu erkennen meint.

Solchen Geschichten bin ich nachgegangen und habe einige von ihnen in Versform neu erzählt. Sie wurden (abgesehen von der Ballade ‚Petrus ante portas') im Evangelischen Gemeindeblatt für Württemberg veröffentlicht.

Zur Einordnung der Texte seien ein paar Bemerkungen über Wesen und Funktion des Humors vorangestellt. Er darf ja nicht einfach mit dem Witz und mit Witzigem verwechselt werden. Denn:
„Witz beweist nicht mehr als scharfen Geist, Humor ist seelischer Überschuss. Witz ist Betä-

tigung im Gegenwärtigen, Humor ist Verhältnis zum Ewigen. Witz schafft Helle; wird er melancholisch, so war er schon Humor. Humor schafft Tiefen; Schwermut lässt er nicht nur zu, er kann sie fordern" (Wilhelm Pinder).

Es mag zutreffen, dass in biblischen Texten hin und wieder auch die Form des Witzes begegnet, etwa im Jesus-Wort vom Kamel und dem Nadelöhr (Markus 10,25). Aber der Witz bleibt Randerscheinung. Er ist in der Bibel möglich, aber keineswegs nötig.

Anders verhält es sich mit dem Humor. Humor stammt aus dem Herzen, wie Pinder betont. Er ist keine augenblicklich-kurzzeitige Produktion, sondern eine Haltung. Eine Geisteshaltung. Eine bestimmte Weise, dem Leben zugewandt zu sein.

Biblische Geschichten sind immer wieder durchzogen von Lebensfäden des Humors. Man nehme als Beispiel die köstliche Geschichte vom Kauf des Familiengrabes in Hebron, das Abraham von dem Hethiter Ephron erwerben möchte (1. Mose 23): eine humorvolle Schilderung altorientalischen Handelsgebarens, in dessen Verlauf Ephron dem Gast zunächst großmütig das Grundstück als Geschenk offeriert (ohne im Ernst an ein Geschenk zu denken!), um in der nächsten Gesprächsphase, immer noch scheinbar großmütig, die gewaltige Kaufsumme beiläufig bekannt zu machen: „Möchtest du mich doch anhören, Herr! Ein Stück Land, vierhundert Lot Silber wert, was bedeutet das zwischen mir und dir?" (23,15).

Humor, wie er in dieser Episode zum Ausdruck kommt, ist nicht auf Pointen aus, die einen raschen Lacherfolg sicher stellen. Er hat Zeit und führt ins Betrachten. Und immer ist es der Spiegel, der einer menschlichen Eigenart, einem Verhalten, einem Streben, einer Selbstinszenierung vorgehalten wird und in dem das Bekannte und Übliche eine kleine, aber entscheidende Wendung ins Komische erfährt. Zum Humor ist darum auch nur imstande, wer zur selbstkritischen Betrachtung imstande ist. Wer sich und das, was er tut, für unanfechtbar hält, kann nur humorlos sein.

So gesehen bildet der Humor auch keineswegs einen Gegensatz zum Ernst; wohl aber zu dem, was man den ‚Bierernst' nennt: die Unfähigkeit, sich selbst zu relativieren, und die stumpfe Beharrlichkeit, eigenem Handeln und eigenen Überzeugungen den Rang absoluter Richtigkeit zuzumessen. Wenn wir schon Gegensätze zum Humor festhalten wollen, dann muss nicht vom Ernst, sondern von Hartherzigkeit, Sturheit, Selbstgefälligkeit und ähnlichen Untugenden die Rede sein, mit denen die Wirklichkeit immer nur so bewältigt wird, dass man sie nach eigenem Geschmack und Urteil vergewaltigt.

Und dahin gehört nicht zuletzt der Impuls zur Idealisierung. Es ist oft genug mit Verwunderung bemerkt worden, dass die Menschen der Bibel keine Idealgestalten sind. Jakob, der Stammvater Israels: was für ein Großer mit Licht- und Schattenseiten! Oder Petrus: überzeugter und leidenschaftlicher Apostel, aber auch mit beträchtlichen Schwächen. Wären sie nicht glaubwürdiger, wenn sie idealer daherkämen, statt in Betrugsmanöver, Händel und Treuebrüche verstrickt zu sein? – Antwort: Nein, denn das Verlangen nach menschlicher Idealität folgt einem Zwang zum Unanfechtbaren, und der ist beides zugleich: wirklichkeitsfremd und humorlos. Humor dagegen ist die Herzensgabe der Nachsicht. Wer mit Humor gesegnet ist, dem ist nichts Menschliches fremd, und wenn er deswegen auch nicht alles entschuldigt, so sieht er doch keinen Anlass, das Unzulängliche zu verschweigen oder gewaltsam zurecht zu biegen. Humor lässt leben. Und er kann das tun, weil er, wie Pinder formuliert, ein „Verhältnis zum Ewigen" hat.

Dem Humor eignet, darin durchaus dem Glauben vergleichbar, eine Grundhaltung von Gelassenheit. Nicht, weil sowieso alles egal wäre, sondern weil alles Menschliche, auch das Fehlerhafte und Unschöne, sich wissend oder unwissend bewegt im Horizont einer stets größeren Barmherzigkeit. Die biblischen Geschichten leben aus der Dynamik dieser zweifachen Erfahrung: der Erfahrung menschlicher Schwäche und Schuld und der Erfahrung göttlichen Erbarmens. Wie sollten sie da nicht offen sein für die Gabe des Humors?

Denkendorf, im Februar 2009   Reiner Strunk

Baum
Geschichten

☙

I Vom Baum im Garten

zu 1. Mose 3,1–7

Die reine Wonne war's für jeden
dereinst im schönen Garten Eden.
Sonnenbeschienen war das Land
und Schnee und Hagel unbekannt.
Die Tiere lagen faul im Schatten,
da sie genug zu fressen hatten,
sie naschten von des Honigs Süße
und kauten allerlei Gemüse.
Die Bäume standen übervoll,
weil es von Früchten überquoll,
und Mensch und Tiere, mit Entzücken,
sie konnten nach Belieben pflücken.
Nur gab es auch in diesem Land
die Schlange, einen Intrigant.
Sie zischelte durchs hohe Gras
Und nahm, mit Lust zur Täuschung, Maß
und hatt' den Menschen bald entdeckt,
an einem Baumstamm, ausgestreckt.
Genau genommen waren's zwei:

Ein Mann – und eine Frau dabei.
Sie sprachen wenig, dann und wann,
und schwiegen meistenteils sich an.
„Die zu verwirren", dacht' die Schlange,
„brauch' ich wahrscheinlich gar nicht lange."
Sie kroch hinauf und hängte munter
sich dann von einem Ast herunter
und züngelte und sprach mit List:
„Ein Mensch soll wissen, was er isst!
Wenn er nur isst, um satt zu werden,
dann ist er arm und klein auf Erden.
Doch könnte er sich auch bequemen,
viel Wissen in sich aufzunehmen."
Der Mann blieb stumm, denn er verstand nicht,
die Schlange zischelte und wand sich
und sprach: „Seht her, an diesen Zweigen
sind Früchte, die sich zu euch neigen."
„Die sind verboten!" sprach die Frau,
„ich hab's gehört, es stimmt genau."
Die Schlange machte ein Gesicht
und meinte: „So genau nun nicht.
Es gilt zwar dieses Baumes Frucht
im Garten durchweg als verrucht,
doch isst du sie im Fall des Falles,
so weißt du plötzlich einfach alles."
Die beiden, die's so nie gehört,

die fanden's jetzt begehrenswert,
und eh' die Schlange fortgekrochen,
war eine Frucht schon abgebrochen
und war im Handumdrehn verspeist.
–

Nun leide, Mensch, der du viel weißt! –
Was sie als Erstes überkam,
war wissend eine tiefe Scham.

ღ

II *Auf dem Baum*
zu Lukas 19,1–6

Die Nachricht lief durch Jericho,
Besuch erscheine, und zwar so:
Vermutlich um die Mittagsstunde,
so macht' die Kunde ihre Runde,
da sei der Mann aus Nazareth
im Ort. Er komme nie zu spät.
Das sei der Mann, von dem es heiße,
dass er mit wenig viele speise;
dass er die Lahmen guter Dinge
alsbald auf ihre Füße bringe
und von des Herrgotts reicher Gabe
die Fülle zu verteilen habe. –
Zachäus hörte das Gerücht
und dachte: das verpass ich nicht!
Er konnte noch die Zeit sich lassen
zum Geldsortieren in den Kassen
und in der Pfanne, eins, zwei, drei
zu bruzzeln sich ein Spiegelei.
Den letzten Bissen in der Backe

ergriff er rasch die Zöllnerjacke
und lief im Trab die kurze Strecke
zu jener großen Straßenecke,
wo wichtige Persönlichkeiten
zuweilen stolz vorüberreiten.
Allein, als er die Ecke fand,
gab's dort kein Fleckchen freies Land.
Der Platz war längst von Menschen voll,
wobei der Andrang weiter schwoll.
Die Menge schob und drängte sich,
und mancher Flegel zwängte sich
noch mittenein, um wen zu grüßen,
und stand dann andern auf den Füßen.
Zachäus aber merkte bald:
„Ich stehe hinter einem Wald
von Menschenleibern, breit und groß.
Doch ich bin klein.
Was mach ich bloß?
Mitunter ist es echt zum Weinen
mit meinen kurzen, krummen Beinen."
Er blickte seitwärts, wie im Traum;
da stand ein Maulbeerfeigenbaum.
Stand da mit seinen Ästen allen,
das wollt' dem Zöllner recht gefallen.
Er musterte den braven Baum,
verschaffte sich ein wenig Raum

und machte im Gewog von Städtern
sich auf, den Hochsitz zu erklettern.
Bald saß er droben im Triumph,
die Menge drunten tönte dumpf.
Und dann mit großer Pünktlichkeit
erschien der Rabbi mit Geleit.
Er grüßte hier und grüßte da,
bevor er den Zachäus sah,
dem darauf schier der Atem stockte,
wie er auf seinem Aste hockte.
Der Rabbi sprach ihn nämlich an
und sagte: „Abgestiegen, Mann!
Nur zu! Wir sollten uns beeilen.
Ich will in deinem Hause weilen." –
Zachäus sprang vom Baum herunter
und fand:
Er war noch nie so munter.

☙

III Die Wahl der Bäume
zu Richter 9,8–15

Vor Zeiten, als am großen Nil
es den Ägyptern wohl gefiel
und sie auf goldnen Königsthronen
bestaunten ihre Pharaonen;
als sich am Euphrat Völker stauten,
die himmelhohe Türme bauten
und einen starken König wählten,
dem sie sich willig unterstellten, –
da ging ein Raunen durch die Felder,
durch Wipfel, Zweige, Büsche, Wälder,
es klagte da und fragte hier:
„Was für 'nen König haben wir?"
Die Antwort hieß: „Es ist zum Weinen,
denn König gibt es bei uns keinen!"
Dies fanden alle, scheint's mit Recht,
für ihre Zeit nun herzlich schlecht.
Denn rundherum im großen Kreise
gab's Könige gleich haufenweise,
bloß Bäume schienen vorderhand

zu solcher Leistung nicht imstand. –
Da griff die weise Terebinthe
Zu Federkiel und schwarzer Tinte
und schrieb, was zu geschehen hat,
genau auf ein Papyrusblatt:
„Wir Bäume", schrieb sie,
„groß und schwer,
wir hinken leider hinterher.
Die Macht der Welt – sie konzentriert sich,
doch jeder Baum steht stur und ziert sich
und ist sich selber grad genug.
Das findet ihr sogar noch klug!
Jedoch (beinahe ist's zum Lachen):
mit so was ist kein Staat zu machen!
Und wenn wir uns nicht rasch besinnen
und mit 'ner Königswahl beginnen,
dann sind wir, ob's uns gleich missfällt,
im Nu das Volk am Sterz der Welt." –
Der Rundbrief ward mit Ross und Wagen
allüberall herumgetragen,
und also kam es doch am End'
zum großen Bäume-Parlament.
Nun standen sie, brav aufgereiht,
mal einzeln und auch mal zu zweit.
Die Tagungsleitung nahm alsdann
der Lorbeer voller Würde an

und er entschied und seufzte sehr:
„Jetzt müssen Kandidaten her!"
„Der Ölbaum', hieß es –, er soll leben! –
wird einen guten König geben."
Der Ölbaum aber duckt' sich klein,
er mochte nicht gern König sein.
„Ich müsste", sprach er, „alle Gaben,
an denen sich so viele laben,
das Fette, Süße ganz aufgeben,
um sinnlos über euch zu schweben.
Ich bitt' euch: nehmt mich nicht in Haft
und lasst mir meine Schaffenskraft!"
Genauso sprachen im Verein
die Feige und der edle Wein,
so dass, nachdem man's lange trieb,
der Dornstrauch einzig übrig blieb.
Er kroch im Staub, ganz stachlig dürr
und brachte Folgendes herfür:
„Wenn ihr es wollt, dann meinethalben
dürft ihr zum Könige mich salben.
Ihr Kleinen alle und ihr Matten,
kommt, berget euch in meinem Schatten.
Doch Feuer fällt und Donner grollt,
wenn ihr mir nicht gehorchen wollt!"
–

Die Bäume tuschelten verhalten:
„Da bleiben lieber wir beim Alten."

☙

IV Der Feigenbaum
zu Lukas 13,6–9

Ein Landmann ging zur Morgenstunde
die wohl vertraute Felderrunde
ins Tal und über Hügel weit.
Der Gärtner lief ihm brav zur Seit'.
Die Bäume standen voll im Saft
und trugen Früchte massenhaft,
und rechts und links von allen Wegen
lag ausgebreitet reicher Segen.
Der Landmann sprach: „Für meinen Garten
kann ich den Herbst schier kaum erwarten,
denn der schenkt Wein in großen Fässern,
und nirgends gibt es einen bessern.
Die Äpfel reifen, Apfelsinen,
und Honig quillt von tausend Bienen.
Die Luft ist lau, die Ernte groß,
und ich –, ich fühle mich famos." –
So schlenderten sie leicht dahin,
vergnüglich war des Landmanns Sinn.
Bis plötzlich er im Schritt verharrte
und böse in die Landschaft starrte.

„Was ist denn das?", rief er ergrimmt,
„ein Ding, bei dem nun gar nichts stimmt!
Der Feigenbaum, so restlos kahl,
steht da, als wär's ein Totenmal.
Die Äste hängen schlapp hernieder,
der Wipfel wirkt sogar noch müder
und außerdem und rundherum
ist alles schief und faul und krumm.
Und am Gezweig, nach Breit' und Längen
siehst du kein einz'ges Früchtchen hängen.
Geh hin und hole deine Axt,
dass du ihn gleich zu Kleinholz hackst." –
Der Gärtner zögert, eh' er spricht:
„Ein Prachtkerl ist er wahrlich nicht,
doch könnte man mit gutem Düngen
vielleicht ihn wieder aufwärts bringen."
„Ach", ruft der Landmann, „papperlapp,
der Baum ist hin, drum hau ihn ab!
Drei Jahre – ist es meine Schuld? –,
drei Jahre hatte ich Geduld
und sah mir an dies Trauerspiel.
Drei Jahre; jetzt ist mir's zu viel."
„O Herr", so sagt der Gärtner nun,
„ich will das Beste für Euch tun,
und auch dem Baum hier will ich geben
mein Bestes für sein armes Leben.

Ich will um seine Wurzeln graben
und Ungeziefer von ihm schaben,
will ihn bedüngen und begießen
und ihm das Wachstum recht versüßen,
bis es ihm wieder besser geht
und er in schöner Blüte steht.
Ein Jahr, Herr, lass uns so viel Zeit.
Magst du es nicht: es wär' mir Leid."
–

Der Landmann lacht: "Ein guter Rat.
Wohl dem, der solche Gärtner hat!"

V Der Baum am Wasser
zu Psalm 1

Dort seht im Tale, zeichenhaft,
den alten Baum im grünen Kleid.
Er steht und ruht in seiner Kraft
und trotzt dem Wetter, trotzt der Zeit.

Wie alt er ist, wer mag es sagen?
Der Stamm zeigt Runzeln ohne Zahl.
Was alles hat er schon getragen?
Wann trug er Frucht zum ersten Mal?

Der Wasserlauf mit seiner Quelle
springt ewig jung und sprudelnd frisch,
bereitet an der Uferstelle
dem alten Baume reichen Tisch.

Der treibt die Wurzeln in die Tiefe
und holt sich Stärkung aus der Nacht.
Es ist, als ob er einfach schliefe,
doch lebt er ganz, indem er wacht.

Er grüßt die Sonne früh am Morgen,
die Arme hoch emporgereckt,
und schützt, was liebevoll geborgen
sich unter seinem Dach versteckt.

Da wimmelt es in seinen Zweigen,
es singen Vögel froh ihr Lied,
und Mücken tanzen einen Reigen,
und viele Herzen jubeln mit.

So wächst der Baum: ein Ort des Lebens.
Es lebt in ihm und um ihn her.
Wer zu ihm fand, kam nie vergebens;
wen er entließ, entbehrt ihn sehr.

Der alte Baum am Ufersaume –
ein Sinnbild möge er uns sein:
So sei der Mensch in seinem Raume,
so in Gemeinschaft und allein.

So fest verwurzelt in der Erden,
so ganz durchwirkt von Lebenskraft
und (mag's auch sonstwo dürre werden) –
so herrlich grün in seinem Saft.

So sei er selbst dem Himmel nah,
empfange Licht von seinem Lichte
und stehe unumstößlich da
mit seinem freundlichen Gesichte.

Boot Geschichten

I *Die Arche*

zu 1.Mose 6-8

Von Westen dräut es schwarz daher:
ein unermesslich Wolkenheer.
Und als die ersten Blitze zucken,
stehn Gaffer ungerührt und gucken
vom Strand die große Arche an
und witzeln über Noahs Kahn.
‚Da müsst ihr arg zusammenrücken',
so ruft's, ‚und werdet bald ersticken
am Duft der Kühe und der Ziegen
und allem, was davon bleibt liegen.'

Als Noah seine Luke schließt
und noch einmal nach draußen grüßt,
wird das Gelächter riesengroß, -
und schon bricht das Gewitter los.
Das Wasser rauscht vom Himmel her.
Wo vordem Land war, wächst das Meer.
Und Noahs Boot, mit allem drin,
es schaukelt übers Meer dahin.

Und wird es manchem Landtier auch
speiübel in Gedärm und Bauch,
weil die Erfahrung völlig neu
mit solcher Seefahrtsschaukelei,
so können sie es doch verwinden,
weil sie im Trocknen sich befinden.
Der Regen trommelt laut aufs Dach,
doch dieses Dach – es gibt nicht nach.

Das Boot steigt langsam mit der Flut,
schwimmt immer oben. So ist's gut.
Und Noah, der gerechte Mann,
hilft fleißig, wo er helfen kann,
streicht hier dem Zebra übern Nacken,
lässt dort den Floh ein Äffchen zwacken,
reicht der Giraffe etwas Heu,
dem Dackel seinen Schappibrei
und merkt auf alle Notrufzeichen,
dieweil die Tage zäh verstreichen.

Nach Wochen plötzlich wird es still;
kein Scharren, Schmatzen, kein Gebrüll:
die ganze Archonautenschar
ist stumm, wie sie's zuvor nie war,
und aller Augen sind nach oben
erwartungsvoll emporgehoben,

wo es so heftig und so nass
getrommelt ohne Unterlass.
Denn droben hört man jetzt nichts mehr,
und Noah seufzt: ‚Gott, danke sehr!'
Er schaut umher in frohe Mienen
– sogar die Krokodile grienen –
und ruft: ‚versprochen in die Hand:
wir steigen bald aufs feste Land'. –

Nach Tagen banger Warterei
erbebt das Boot mit einem Schrei
und rammt und ruckt und geht dabei
o Wunder! nicht einmal entzwei.
Und Noah streicht sich seinen Bart
und meint: ‚Fürwahr, der Stoß war hart.
Wir schwimmen nicht mehr, sondern schweben,
draus dürfte sich der Schluss ergeben,
dass wir auf eines Berges Spitzen
mit unserm Boot vor Anker sitzen.'

Der Berg, wie man vernommen hat,
war wohl der hohe Ararat.
Und gehst du hin und suchst mit Glück,
dann findest du vielleicht ein Stück
der Arche aus den Sintfluttagen
und kannst es stolz nach Hause tragen.

Und treibst du das mit Akribie,
wird's Biblisch' *Archäo*logie.

II Simons Fischzug
zu Luk 5, 1-11

Der See ist blau, die Sonne weiß.
Sie brennt erbärmlich. Es ist heiß.
Zur Mittagszeit zieht seine Bahn
ein schwach bemannter Fischerkahn,
und Simon, der am Ruder sitzt,
ist brummig, weil er furchtbar schwitzt.
Vorhin, am Ufer, war's bequemer,
im Schatten sehr viel angenehmer,
an Fischernetzen und an Stricken
mit halber Lust herumzuflicken.
Bis plötzlich diese Leute kamen,
die Großen, Kleinen, Blinden, Lahmen
und her sich drängten und sich stießen
und sich am Ende niederließen
am Wasser, dicht bei seinem Boot:
die Plage war's, ei zapperlot! –

Dann taucht' im weiteren Verlauf
der Rabbi aus der Menge auf

und schien partout dazu zu neigen,
in Simons Fischerkahn zu steigen.
‚Leg doch‘, so sprach er, ‚guter Mann,
ein wenig ab mit deinem Kahn,
so kann ich frei vom See her lehren,
damit die Leute alles hören.‘
Verblüfft hat Simon es getan,
und damit fing nun alles an.
Denn als die Predigt kaum vorüber,
da sagt der Rabbi: ‚So, mein Lieber,
vielleicht war's dir ein bisschen lang.
Jetzt geht's auf See – zum großen Fang!‘
Der Fischer denkt: ‚O nein, nicht das!
Es macht wahrhaftig keinen Spaß,
beim dicksten Mittagssonne-Glühen
die Netze durch den See zu ziehen,
um dann als Lohn der Plackerei
zu zählen Fischlein, eins bis zwei.‘
Drum sagt er laut: ‚So wird's gemacht:
wer fischt, der tut es in der Nacht!
Und letzte Nacht, da war es schwer:
wir fischten lang, das Netz blieb leer.‘
Der Rabbi schaut den Fischersmann
nur stumm und freundlich lächelnd an,
der rasch die Netze überstreift
und heftig nach dem Ruder greift.

Nun sind sie mitten auf dem See.
Kein Lüftchen regt sich, keine Bö,
und Simon denkt in seinem Boote:
‚Das ist ein Wahnsinn mit Methode!
Ich werf die Netze weit hinaus,
und sie versinken, Ende – aus'. –
Jedoch, kaum ist der Wurf geschehen,
schon fängt der Kahn an, sich zu drehen.
Es zieht mit Macht nach einer Seite:
im Netze wimmelt reiche Beute!
Der Fischer springt im Boot umher,
sieht Fische, mehr und immer mehr.
Das Netz – es bläht sich zum Ballon
und trudelt voll gepackt davon.
Man muss es halten und dann streben,
es sacht ins Boot hineinzuheben.
Das glückt. Nun kann man mit Ergötzen
sich erst einmal zur Ruhe setzen.
Und Simon sitzt, der leicht zerstreute,
in einer Flut von Meeresbeute.
Der Rabbi sitzt ihm gegenüber
und lacht und sagt nur: ‚Ja, mein Lieber,
bald wirst du, merk es dir inzwischen,
auf andre Weise Menschen fischen.'

III *Stürmische Fahrt*
zu Matth. 8,23-27

Am Wasser lag ein Boot bereit.
‚Kommt', sprach der Rabbi, ‚es wird Zeit!
Wir müssen nach Tiberias –
und mit dem Schiff macht's richtig Spaß.'
Rasch kletterten auf dieses Wort
die ersten Jünger schon an Bord.
Sie prüften kurz das Schiffsgelände
und nahmen Ruder in die Hände.
Das braune Segel wurd' gesetzt,
dann stießen sie zu guter letzt
die Ruderstangen in den Sand:
sacht glitt das Boot vom flachen Strand.
Und Leute, die am Ufer blieben,
die halfen jetzt noch kräftig schieben.
Der Rabbi reckte sich im Heck
und schaute über alles weg
und winkt' und rief: ‚He, könnt ihr's hör'n?
Wir machen eine Segeltörn!'

Der Wind weht flau, die Luft ist mild,
der See ist ruhig und nicht wild.
Das Segel flattert und es bläht sich;
die Männer lachen, - das versteht sich.
Der Rabbi aber in der Ecke
hat sich gelegt, wohl zu dem Zwecke,
fürs erste einmal nichts zu tun
und sich ein wenig auszuruhn.
Die Männer drumherum, - sie lachen.
‚Mag's jeder', sagen sie, ‚so machen,
wie es für ihn am besten passt:
wer schlummern will im Schiff, den lasst!
Er ist ja sonst viel auf den Beinen.
Man könnte manchmal wirklich meinen,
er müsste furchtbar sich beeilen
und da und dort die Kranken heilen
und Müde trösten, Arme speisen,
er ist ja immerzu auf Reisen.
Drum lasst ihn, wenn er schlafen mag,
und sei es auch den ganzen Tag!'

So segeln sie mit großer Lust,
von Angst hat keiner was gewusst.
Der Himmel strahlt, die Welt ist schön.
Das Land ist fern und kaum zu sehn.

Gemächlich treibt auf seiner Bahn
der brave alte Fischerkahn.

Da plötzlich gibt es einen Stoß.
Die Männer stehn und staunen bloß.
Das Segel klatscht und strafft und beult sich,
und dann: das Seil am Mast verknäult sich.
Und noch ein Stoß! Das Schifflein ruckt.
Ein Mann wird sichtbar blass und schluckt.
Dann fegt's auf einmal übers Wasser,
der Mann ist blass und wird noch blasser.
Die Männer wär'n auf ihrer Törn
nun gern vom Lande nicht mehr fern.
Doch sieht man weit und breit kein Land,
nur eine schwarze Wolkenwand,
und Donner rollen, Blitze zucken.
Ein Mann im Boot fängt an zu spucken,
die andern halten sich und ihn.
Das Boot schießt übers Wasser hin.
Saust hoch hinauf mit einem Mal
und dann hinab ins Wellental.
Der Mastbaum stöhnt, das Segel fetzt,
die Männer sind schon ganz entsetzt
und klammern sich mit klammen Händen
an Freund und Mast und Seil und Wänden
und starren bei dem tollen Wind

auf Wellen, die in Aufruhr sind.
Das wogt und schüttet, wühlt und zischt,
schwarz ist die Flut und weiß der Gischt.

Die Männer fangen nun erst an
zu retten, was man retten kann.
Zuerst die Segel! Himmel, nein.
Nur Fetzen blieben, klitzeklein.
Doch binden sie noch irgend fest
den schlimm zerfetzten Segelrest.
Und einer schöpft in einem fort
das Wasser wieder über Bord.
Und mitten in dem Sturmgebrause
und bei der wüsten Segelsause,
bei Sturm und Blitz und Regengüssen –
liegt einer still auf seinem Kissen!
Liegt da und schläft, als ob nichts wäre
und ihn das Ganze gar nicht störe.
Der Mann, so scheint's, mit Herz und Magen
kann offensichtlich viel vertragen!
Die andern, nirgendwo mehr trocken,
sind drüber regelrecht erschrocken.
‚Was ist?' so rufen sie. ‚Mein Gott,
wir leiden hier die größte Not!
Wir können beinah nicht mehr stehen,
das Boot wird auch noch untergehen,

und du liegst da und willst nichts wissen
auf deinem sanften Ruhekissen.'
Der eine hebt den Arm und ruft ihn.
Der nächste schüttelt fest und pufft ihn,
und bei dem Jammern und dem Krach,
da wird der Schläfer endlich wach.
‚Was ist?' fragt er, ‚warum? wie lange
ist euch schon wieder furchtbar bange?
Wann war es erst zum letzten Mal?
Wann ist es wieder mal der Fall?
Da steht ihr nun mit großen Augen,
und klein, bei Gott, ist euer Glauben.
Vor Wellen, Winden und Gewittern
müsst ihr nicht gar so ängstlich zittern,
euch nicht erschrecken, nicht verkriechen,
nicht überall Gefahren riechen
und über tausend dumme Sachen
euch tausendfältig Sorgen machen.
Seht her, da bin ich, euer Freund,
der mit euch lacht und mit euch weint
und der euch hilft, wo's nötig ist. –
Und dass dies keiner mehr vergisst,
befehle ich dem Sturmgeist eben:
er soll sich –hopp!- von dannen heben!'

Und wirklich wurd' es auf der Stelle
am Himmel wieder freundlich helle.
Die Sonne brannte heiß herunter,
die Wellen tanzten leicht und munter.
Das Boot, in dem die Jünger saßen,
zog friedlich seine Wasserstraßen.
Das Segel freilich war zerschlissen.
Es hat auch furchtbar leiden müssen.

IV. Jonas Schiffsreise
zu Jona 1

Kaum recht im Hafen angekommen,
hat Jona schon das Schiff erklommen,
das in der sachten Dünung rollte
und bald nach Tharsis fahren sollte.
Es war ein schmuckes Handelsboot –
das Segel weiß, die Flagge rot.
Matrosen schleppten Kästen, Kisten
und winkten Mädchen, die sie grüßten,
und Jona, um die Fahrt zu buchen,
ließ eifrig nach dem Käp'ten suchen.
Der forderte 'nen hohen Preis
(dem Jona wurde etwas heiß),
doch hätt' er, um davon zu kommen,
auch jeden Fahrpreis hingenommen.

Dann ging es los, man stach in See,
und Jona seufzte: ‚Nun, adieu!
Zwar weiß ich nicht, ob's etwas nützt,
doch bin ich erst mal ausgebüxt.

Den Weg nach Ninive zu wagen,
das schlug mir mächtig auf den Magen,
und wenn es selbst dem Herrn missfällt:
ich bin Prophet, jedoch kein Held!
Mag er `nen wirklich Tapfren finden,
um Ninive Gericht zu künden.
Ich reiße aus, so bin ich eben:
bin lieber feig und bleib am Leben.'

Allein, der Herrgott grollte sehr
und schickte einen Sturm daher,
der sollt' das Schiff in Seenot bringen
und Jona zum Gehorsam zwingen.
Es brauste tüchtig übers Deck,
kein Ding blieb mehr an seinem Fleck,
Matrosen taumelten und schrieen
in dem verzweifelten Bemühen,
mit Stricken und mit schweren Ketten
noch dies und jenes Gut zu retten,
indem sie's an die Masten banden.
Trotzdem ging allerlei zuschanden.

Dann lief's bei ihren großen Nöten
gemäß der Weisheit: Not lehrt beten!
Sie fielen hin auf ihre Knie
und alle Götter riefen sie

und riefen jeder, Mann für Mann,
'nen andern Gott um Hilfe an.
Und wie sie sich auch immer mühten
– die Frommen und die Abgebrühten –
es fand doch kein Gebet Gehör:
der Sturm zog wütend übers Meer.
Nun schrie der Käpt'n: ‚Los, sofort
werft allen Ballast über Bord!
Sonst sinkt das Schiff und was wir hatten,
und wir versaufen wie die Ratten.'
Man tut's. Das Wetter wird darüber
jedoch nicht lichter, sondern trüber.
Der Käpt'n brüllt: ‚Für solche Pein
muss irgendeiner schuldig sein.
Ein Gott mag irgendwen nicht leiden
– und wen, dies soll das Los entscheiden.'
Man tritt zusammen und im Nu
holt man den Jona auch dazu.
Der kommt heran, bedeckt von Schweiß,
weil er schon eine Weile weiß:
er muss es jetzt ganz schrecklich büßen,
dass er vor Gott ist ausgerissen.
Und deshalb wundert's ihn nicht groß:
er trägt die Schuld, ihn trifft das Los.
Er weiß, dass er verkehrt gehandelt,
bereut's und steht jetzt wie verwandelt

ganz ohne Angst, mit großem Mut
und sagt: ‚So wie es kommt, ist's gut.
Werft mich hinab ins tiefe Meer
und nehmt es bitte nicht so schwer!
Denn wenn mein Gott mich haben will,
dann stellt er Sturm und Wasser still,
und mich, soll ich denn weiter leben,
wird aus den Tiefen er erheben
hinauf aufs Land, dank seiner Hände,
dass ich nach Ninive mich wende.'
Die Männer tun, was sie tun müssen.
Sie tun's mit ängstlichem Gewissen,
doch kaum ist Jona über Bord,
sind Sturm und Not und Wellen fort.
Und Jona schwimmt auf feuchten Wegen
dem Gott, der rettet, stracks entgegen.

CR

V. Simon ohne Boot
zu Matth. 14, 22–33

Die Jünger sind ganz schreckensblass:
was sie erlebten, war kein Spaß.
Erst kamen sie mit ihrem Boot
bei wüstem Wetter arg in Not.
Sie schaukelten und dachten bang
schon an den nahen Untergang,
als auf den Wellen sonderbar
ihr Meister plötzlich nahe war.
Und ihr Erleben ward noch krasser:
Ging doch der Meister übers Wasser!
Ging ohne Steg und ohne Bretter
bei diesem fürchterlichen Wetter
und tat ein Wunderding vollführen
und übern See zu Fuß spazieren.
Die Jünger wurden draus nicht klug
und hielten's schlicht für Teufelsspuk.

Der Simon aber, wie bezwungen,
ist schnell vom Sitzplatz aufgesprungen

und steigt, ganz ohne Schutz und Rüstung
doch wirklich auf des Bootes Brüstung,
wo er hoch droben balanciert
und scheinbar keine Angst verspürt.
Die andern aber im Vereine
sind nun bestrebt, des Simons Beine
mit starken Händen zu umfassen:
sie wollen ihn nicht stürzen lassen.
Und mancher denkt: ‚Ach ja, er neigt
schon gern dazu, dass er uns zeigt,
warum er was Besondres sei;
doch diese Übung ist uns neu.'

Und Simon droben, unterdessen,
hat alle Vorsicht wohl vergessen
und ruft hinein ins Sturmgebraus:
‚Ich steige aus dem Schifflein aus,
denn fest hab ich mir vorgenommen,
zu dir aufs Wasser, Herr, zu kommen.'
Die Jünger in dem Boote drinnen,
die denken: jetzt ist er von Sinnen.
Und hören doch den Meister sagen:
‚Nun, wenn du willst, kannst du es wagen.'
Er wagt es wirklich, steigt behände
vom Boot herab auf dies Gelände,
wo man normalerweis' nicht steht,

bloß sinkt und schleunigst untergeht.
Doch als die Jünger sprachlos gaffen,
scheint Simon dieses Ding zu schaffen!
Er wandelt hin, als wär's auf Stegen,
dem Meister gradewegs entgegen.

Da! eine Welle, aufgetürmt,
kommt wild und mächtig angestürmt,
und Simon, für den Augenblick,
scheint irritiert und schaut zurück,
wobei er überdeutlich spürt,
dass er nun jeden Halt verliert.
Er ging ein Stück. Jetzt muss er sinken
und jämmerlich im See ertrinken…
Wenn sich der Meister nicht bemüht
und ihn aus dem Schlamassel zieht.
Drum fängt der Simon an zu schreien:
‚Herr, komme helfen und verzeihen!'
Der Meister naht und fasst ihn an
und sagt: ‚Mein Lieber, denke dran:
„Der Wille groß, klein das Vertrauen" –
dies hat noch selten hingehauen!'

Stein
Geschichten

I Der Stein von Bethel
zu 1. Mose 28, 10-22

Ach, musste Jakob heftig schnaufen:
Er war den ganzen Tag gelaufen!
Mit einem Rucksack auf dem Rücken,
bepackt mit Brot und Kleidungsstücken.
Frisch war er fortgerannt zu Haus
und jetzt ging ihm die Puste aus.
Die Sonne neigte sich zum Westen
und Jakob sich zu Essensresten.
Rebekka, seine schöne Mutter,
die hatte ihm das Wander-Futter
mit Lieb' und Umsicht eingetütet
und ihn gedeckt und ihn behütet.

Nun saß er da auf nacktem Stein
und sehnte sich, daheim zu sein.
Doch schien der Heimweg ihm verschlossen:
er war weit übers Ziel geschossen
und hatte für den guten Segen
sich listig halb – und halb verwegen

ein Schurkenstückchen ausgedacht,
den Bruder sich zum Feind gemacht
und Vater Isaak vergrätzt
und in der Seele tief verletzt.
So saß der Jakob einsam da,
und ferne lag Beerseba.
Er wollte bis nach Haran fliehn
und sich um einen Job bemühn
in Onkel Labans Viehbetrieben.
Dort wäre er zur Not geblieben.

Als er auf seinem Steine saß
und still sein Brot mit Käse aß,
war schon die Nacht heraufgezogen
mit Sternen hell am Himmelsbogen.
Im Kreis umgab ihn tiefe Stille,
nur eine nimmermüde Grille
erlaubte sich, im Grase drüben
ein neues Zirplied einzuüben.
Der Mond war nirgendwo zu sehn,
es wurde Zeit, zur Ruh zu gehn.
Und Jakob nahm sich selbstvergessen
den Stein, auf dem er gut gesessen,
und meinte, zweifelsfrei zu wissen,
der sei ein gutes Ruhekissen.
Er legte ihn ein wenig südlich

und fand ihn hart, doch auch gemütlich.
Ja, unser Flüchtling ruhte kaum,
da kam zu ihm ein großer Traum.
Er träumte auf der harten Liege
von einer langen, steilen Stiege,
die reichte von des Himmels Höhen
bis dicht vor seine nackten Zehen.
Und Engel stiegen auf und nieder,
die sangen engelgleiche Lieder.
Am End' erschien gar Gott, der Herr,
und Jakob sah's und bangte sehr.
Wie mochte der nun furchtbar wettern
und ihn zermalmen und zerschmettern!
Doch Gott sprach väterlich im Traum,
gewährte Jakob weiten Raum
und gab ihm obendrein – man denke! –
das Land zum ewigen Geschenke.
‚Und dann', sprach er, ‚auf allen Wegen
bin ich bei dir mit meinem Segen.'

Das Traumbild schwand, und Jakob schlief
bis an den Morgen, sanft und tief.
Erhob sich, streckte seine Glieder.
Da kam der Traum ihm deutlich wieder:
die Engel und ihr Klettersport,
und Gott mit seinem guten Wort.

Der hatte ihn nicht heimgesucht
und wild vernichtet auf der Flucht.
War ihm bloß freundschaftlich begegnet,
hatt' ihn beschenkt und neu gesegnet.
Und Jakob griff den schweren Stein
und wuchtete ihn querfeldein
hinüber zu des Platzes Mitte.
Dann tat er um ihn ein paar Schritte,
nahm Öl aus seiner Reisetasche
und leerte eine ganze Flasche
mit Andacht über diesem Stein
und sagte: ‚So, nun ist er rein,
Altar im Haus des Herrn zu sein.
Die Stätte will ich Bethel nennen.
Dies Heiligtum soll jeder kennen!'

II Ein Schleuderstein
zu 1. Sam. 1

Breit lagerte mit Spieß und Speer
das grimmige Philisterheer
und dröhnte laut im Waffenklang
und mit barbarischem Gesang.
Sauls Mannen (dies war leicht zu spüren)
ging das Gedröhne an die Nieren.
Sie hatten sich noch kaum gerührt
und wirkten ziemlich resigniert
und wünschten, alles Kriegsgeschrei
und Schlachtgetümmel sei vorbei. –
Da trat mit einem Mal allein
ein Kerl aus den Philisterreih'n,
ein Riese war's, ein Eichenbaum,
dem troff vom Maul der weiße Schaum.
Er war mit Waffen voll behängt,
in einen Harnisch eingezwängt
und ließ verlauten mit Gebrüll:
‚Herbei, wer mit mir kämpfen will!'
Auf Seiten Sauls war zu vernehmen:

es mochte niemand sich bequemen.
Ein Zweikampf schien auch aussichtslos.
Die Angst vor Goliath war groß.

Doch Goliath blieb eine Plage.
Er blieb es volle vierzig Tage
und stellte sich am Tag zweimal
zum Kampf bereit, dem Saul zur Qual.
Und als der König schon beinah
sich selbst zum Kämpfen aussersah,
erschien ein Knabe, jung und frei
und sagte, dass er David sei.
Erst wolle er bei Saul anklopfen
und dann dem Feind sein Großmaul stopfen.
Dem Saul gefiel das ziemlich gut.
‚Es gibt in Israel noch Mut',
so dacht' er, ‚wenigstens bei Knaben,
wenn schon die Großen keinen haben.'
Sah David an mit müdem Blick –
und schickte ihn nach Haus zurück.
Doch David blieb und er begehrte,
dass man auf seinen Vorschlag hörte,
weil er dem Kerl, wie er wohl wisse,
das Lebenslicht ausblasen müsse. –
Dem König fiel nichts weiter ein,
drum sollte es vielleicht so sein.

Er nahm die Rüstung, bleich und stumm,
und hängte sie dem David um,
hob seinen Helm auf dessen Haupt
(das hat ihm schier die Sicht geraubt),
und mit dem Königsschwert in Händen
konnt' David sich kaum drehn und wenden.
‚Ach, König', sagte David leise,
‚ich regle es auf meine Weise.'
Er legte alle Waffen ab
und machte sich in leichtem Trab
zum Bache auf, der seitwärts floss,
und suchte sich ein Wurfgeschoss.
Er brauchte fünf sehr glatte, feine,
für seine Schleuder gute Steine
und barg sie liebevoll und warm
in seiner Tasche unterm Arm.

Dann trat er, jugendlich verwegen,
dem Riesen Goliath entgegen.
Der schrie: ‚Beim Baal, bin ich toll,
dass ich mit Kindern kämpfen soll?
Du hast, wenn ich bloß Atem hol',
doch schon die Windeln packevoll!'
Drauf lachte er und schlug mit Lust
auf seine Panzer-Heldenbrust
und gönnte dem ungleichen Streit

nur Hohn und böse Heiterkeit.
Was David mehr und mehr verdross.
Er machte seine Schleuder los,
nahm einen Stein, nicht einmal groß,
und traf, als er behände schoss,
dem Riesen direkt vor die Stirn
und in sein jämmerliches Hirn.
So wurde der Philisterheld
dem Baume ähnlich umgefällt
und lag, was viel Erstaunen weckt',
von Davids Steinwurf hingestreckt
ohnmächtig da auf dem Gesicht –
und schrie und droht' und lachte nicht.

III Der erste Stein
zu Joh. 8, 1–11

Die Männer, ältere und junge,
sie riefen laut aus voller Lunge
und riefen alle durcheinand',
dass keiner nur ein Wort verstand.
Sie waren auf dem Platz erschienen
mit schrecklich zornentbrannten Mienen,
sie reckten Fäuste und sie drohten,
so dass sie bald ein Schauspiel boten,
das andern Leuten in der Stadt
vermutlich sehr gefallen hat.
Da wurde viel gestikuliert,
ein Unmutssüppchen angerührt,
und dem Betrachter wurde klar,
dass irgendwas verboten war.
Und was verboten, war passiert:
ein Mensch hat Schuld, wird überführt.
Man hatte ihn zum Glück ertappt,
ihn aufgestöbert und geschnappt

und brachte also lang und breit
zur Geltung die Gerechtigkeit.

Als nun die Männer sozusagen
mit Zorn beschäftigt und mit Klagen,
erkannte einer unter ihnen
den Rabbi, der am Platz erschienen.
Noch stand er abseits, still und stumm
und schaute auf dem Platz sich um.
Doch ließ man ihn nicht lang gewähren.
Man kam herbei, ihn zu beschwören,
dass er in ihren Kreis eintrete
und dort, was rasch zu tun sei, täte.
Er ging. Man schob ihn. Drängte gar,
weil seine Gangart zögernd war.
Doch schließlich hielt er haargenau
im Männerkreis – vor einer Frau.
Die lag direkt vor seinen Füßen
und sollte ihre Schande büßen.
‚Denn Schande', rief man, ‚hat zur Nacht
das Weibsbild über uns gebracht!
Sie hat es heimlich angefangen
und schweren Ehebruch begangen.
Dies ist uns laut Gesetz versagt,
und wer es trotzdem ehrlos wagt,
verdient – zu unsrer Reinigung –

nichts andres als die Steinigung.
Das wirst du, Rabbi, durch dein Wissen
doch unumwunden sagen müssen.'

Der Rabbi schwieg. Dann sah man, wie
er niederging auf seine Knie
und nahe bei dem Weibe hockte,
das einen Ehebruch verbockte.
Den Zeigefinger seiner Hand
nahm er und malte in den Sand.
Die Männer zeigten sich verstört
und äußerten sich hoch empört
und forderten: zu dem Verbrechen
sollt' er sofort sein Urteil sprechen.
Der Rabbi aber, der gelehrte,
tat so, als ob er sie nicht hörte
und malte weiter unverwandt
verschied'ne Zeichen in den Sand.
Und als die Männer um ihn sprangen
und immer ärger in ihn drangen,
dass er die Frau zum Tode brächte, –
erhob er sich und hob die Rechte
und blickte sich in Ruhe um.
Die Runde wurde starr und stumm.
Und wie er fordernd vor ihr stand,
hielt er auf seiner flachen Hand

den Stein, den er zuvor vom Boden
bedachtsam hatte aufgehoben,
und streckte ihn dem nächsten hin.
‚Da, Freund', sprach er, ‚wie steht dein Sinn?
Willst du nicht fröhlich dich bequemen
und diesen Stein als Waffe nehmen,
um ihn mit Wucht dem schlimmen Weib
zu schmettern auf den zarten Leib?
Du wirst ja ohne Sünde sein,
weil du ergreifst den ersten Stein.'
Der Mann wich einen Schritt zurück
und senkte seinen Henkerblick.
Der Rabbi ging zum nächsten weiter
und sagte: ‚Nun? Bist du bereiter?
Ganz ohne Sünde? So gerecht?
Dann nimm den Stein! Und ziel nicht schlecht!'

Der Angesprochne weicht schnell aus,
hat's plötzlich eilig, will nach Haus,
und mit ihm all die andern Mannen
sind seiner Meinung, ziehn von dannen.
Am Ende dieser ganzen Hatz
verbleiben zwei nur auf dem Platz.
Die Frau steht auf und schaut verlegen.
Der Rabbi geht ihr frei entgegen
und fasst sie freundlich bei der Hand

und spricht: ‚Nimm dieses kleine Pfand:
den Stein. Du sollst ihn bei dir tragen,
dann wird er immerzu dir sagen:
die Sünde steinigt unser Leben,
wird sie nicht gnädig uns vergeben.'

IV Ein Grabwächter
zu Matth. 27,62 – 28,8

Im Grunde war es ja zum Lachen:
Da sollte er ein Grab bewachen
mit Helm und Spieß und scharfem Schwert.
Das Grab, so schien es, war viel wert!
Doch war's kein Dienst, den Ruhm zu mehren,
dass er mit andern Legionären
am Grab die Totenwache hielt,
was unter Helden nicht viel gilt.

So saß er da mit trübem Sinn
(die Stunden rannen zäh dahin)
und was ihn bald am meisten traf:
er musste kämpfen – mit dem Schlaf.
Schwer zogen seine Augenlider;
er war so müd und wurde müder.
Am Himmel blinkten silbern Sterne,
und der Soldat wär' allzu gerne
daheim in seinem Bett gelegen,
statt hier den Wachmann abzugeben.

Was sollte auch der Einsatz nützen?
Es war ein blödes Wachesitzen,
weil vor die Grabtür noch sogar
ein Riesenstein gewuchtet war.
Den schob man nicht mit leichter Hand
beiseite, worauf man verschwand,
des Grabes Inhalt sozusagen
höchst hinterlistig fortzutragen
und ihn sodann in dunklen Ecken
ganz unauffindbar zu verstecken.
Der Legionär – er sagte sich:
Wer so was fürchtet, hat `nen Stich!

Dann nickte er ein wenig ein
und dachte nicht an Grab und Stein.
Er träumte süß vom Heimatlande,
wo er am weißen Meeresstrande
durch alle Finger seiner Hand
genüsslich rieseln ließ den Sand.
Dort saß er still mit frohem Mut
und schaute in die blaue Flut
und musste gar nicht Wache schieben
an Gräbern und vor Leichendieben.
Er straffte die Soldatenglieder,
sein Herz war voll der schönsten Lieder,
und als er träumend selig lag, –

da tat es plötzlich einen Schlag.
Die Erde bebte mit Gedröhn,
als sollte alles untergehn,
und Steine polterten daher.
Im Staub war blind der Legionär.
Er rief beim Namen die Kollegen,
doch keiner wollte sich bewegen.
An seiner Stirn (in großer Eile)
wuchs eine eiförmige Beule,
weil ihm der Helm, gezielt und hart,
vom Haupte abgerissen ward;
und von der Lanze, seiner lieben,
war nichts als Kleinholz ihm geblieben.
Er sah bloß Trümmer kreuz und quer;
da schaudert' es den Legionär.
Und als der Donner fern verhallte
und Morgenlicht den Platz bestrahlte,
begann der Wächter sich zu rühren.
Er kroch daher auf allen Vieren,
sah die Bescherung, sah die Trümmer
und die Kollegen, ohne Schimmer
von einstiger Soldatengröße
als Opfer ziemlich harter Stöße.
Und als der Wächter auf dem Bauch
noch weiter kroch, da sah er auch:
und zwar, was grade nicht sein sollte,

dass doch der Stein vom Grab wegrollte,
und er erkannte tief betroffen
die Tür zur Gruft vollständig offen.
Da dachte er: ‚Wie man's auch dreht
Und zu der ganzen Sache steht:
wir wurden böse angeführt
und haben restlos uns blamiert.
Man wird uns ewiglich verlachen
mit unserm eitlen Grabbewachen
und wird erzählen: Solche Nieten
sind nicht mal gut, den Tod zu hüten.'

ಬ

Humoreske

Petrus ante portas

oder

Wie eine Gebetserhörung überraschen kann

zu Apostelgeschichte 12

An Ketten gebunden im feuchten Verließ
und bei spärlichem Fackellicht
saß Simon, den man den Petrus hieß,
und erwartete sein Gericht.

Man hatte ihn vor ein paar Tagen gefasst
und in den Kerker gesteckt,
weil Herodes, der König, die Christen hasst
und verfolgt, wo man sie entdeckt.

Herodes war ein verwöhnter Herr
und liebte es, römisch zu baden.
Er regierte Judäa so nebenher
und von kaiserlich-römischen Gnaden.

Und saß er im Bade, behaglich erhitzt,
dann trug er auf seinem Haupte
die Königskrone, die funkelt und blitzt,
auf dass sie ihm keiner raubte.

Denn in Ängsten war er bei Tag und bei Nacht,
es könnte ihm plötzlich passieren,
dass ein anderer griff nach der Königsmacht,
um an seiner Statt zu regieren.

Die Juden, die waren ja immerfort
ein unzuverlässiger Haufen:
Man konnte mit Geld und schmeichelndem Wort
sie nicht leicht gewinnen und kaufen.

Da fasste Herodes den tückischen Plan,
Simon Petrus gefangen zu setzen.
„Es ist gut", so sprach er, „das Volk
                      dann und wann
gegen irgendwen aufzuhetzen.

So kommen mir diese Christen ganz recht
mit ihren Flausen und Träumen.
Wir sprechen sie schuldig und machen
                           sie schlecht
und bringen den Volkszorn zum Schäumen.

Und Petrus, den Kopf der Christen im Land,
den liefern wir ihnen ans Messer;
dann sind sie vereint gegen ihn militant
und mir geht es leichter und besser." –

Die Sache erwies sich auch keineswegs schwer:
Ein paar Soldaten mit Hunden –
die schnüffelten in den Gassen umher
und hatten ihn bald gefunden.

Denn Simon Petrus verkroch sich nicht
in verborgenen Kellergewölben;
er zeigte den Leuten frei sein Gesicht
und redete auch mit denselben.

Nun freilich lag er gebunden, allein
und konnt' sich nicht rühren und regen
und dachte an seine Christengemein'
und musste sehr viel überlegen.

Ihm zur Seite bewachten, mächtig bewehrt,
zwei Soldaten die finstere Stätte.
Sie stützten sich auf ihr zweischneidiges
                                        Schwert
und gähnten dazu um die Wette.

Und draußen vor dem engen Verließ,
da wachten wiederum zwei,
die stützten sich auf einen langen Spieß
und dachten sich auch nichts dabei.

Der Gefangene war ihnen ziemlich egal
und er lag ja auch hilflos in Ketten,
mit den Füßen ins Eisen gezwungen zumal
und von keiner Macht zu erretten.

Das machte sie sicher. Sie lehnten mit Lust
sich sacht an die Kerkerwand
und neigten die Köpfe hinab auf die Brust
und schlummerten ein im Stand.

ʂɔ

Im Haus der Maria, zur selben Zeit,
war die Christengemeinde versammelt.
Sie war dort vereint in der Ängstlichkeit
und hielt die Türen verrammelt.

Da saßen sie nun in trostloser Nacht
bei flackerndem Kerzenschimmer,
und als sie an ihren Petrus gedacht,
da fanden sie alles noch schlimmer.

Sie fühlten sich ohne den starken Hirt
wie eine erbärmliche Herde,
die jämmerlich klagt und sich heillos verirrt
auf der gottverlassenen Erde.

Sie wussten nicht ein und wussten nicht aus
und wollten schier alle verzagen
und sich völlig verkriechen in ihrem Haus
und sich nie mehr nach draußen wagen.

„Und sind wir", sprach einer, „so
                            hoffnungslos dran
und so abgründig tief in Nöten,
dann schlage ich vor, wir fangen mal an,
für uns und für Petrus zu beten."

Das fand großen Beifall. Im Handumdrehn
knieten alle andächtig im Kreis
und sangen für Petrus innig und schön
und fortwährend ihr Kyrieleis.

∽

Im Kerker hatte Petrus gewacht,
als die Wächter schnarchten und brummten
und als in der schwarzen, einsamen Nacht
alle anderen Stimmen verstummten.

Er war ohne Angst und er wusste doch,
es könnte ihm morgen schon blühen,
dass man ihn herauszog aus seinem Loch,
um ihn rasch vors Gericht zu ziehen.

Und die Richter, die waren ihm sicher nicht gut,
denn sie wurden vom König bestellt:
die wollten nur Tod und verlangten nach Blut,
und ihr Urteil war lang schon gefällt.

So grübelte Petrus – und währenddem,
beim Bedenken von Unrecht und Strafen,
ist er nach und nach, wenn auch unbequem,
auf dem Steinboden eingeschlafen.

Und als es war um die Mitternachtszeit,
da fuhr aus verborgener Quelle
mit strahlender Macht wie vom Himmel weit
ein Blitz in die düstere Zelle.

Der hüllte die Höhle in gleißendes Licht
und versilberte alle Wände.
Die Wächter freilich bemerkten es nicht
und schnarchten dumpf ohne Ende.

Auch Petrus lag auf dem Boden wie tot
(was nun wirklich besonders auffällt);
er schlief und fühlte sich nicht bedroht,
doch auch keineswegs strahlend erhellt.

Im Lichte erwuchs eine Engelsgestalt
mit majestätischen Zügen.
Sie stellte sich in einen Mauerspalt
und schien ihren Kopf zu wiegen.

Dann trat sie hervor und trat mit dem Fuß
dem Schlafenden – schwupps - in die Nieren:
das war ein ungewohnt-englischer Gruß,
aber zweifellos leiblich zu spüren.

Der Tritt, er war jedenfalls wohl bedacht
und auch zielgenau bemessen,
denn Petrus ist sogleich aufgewacht
und schlaftrunken aufgesessen.

Er blinzelte unsicher in das Licht,
das seine Augen geblendet,
und wunderte sich und verstand es nicht,
wer ein solches Feuer verschwendet.

Da tupfte der Engel, jetzt engelgleich mild,
dem Verschlafenen vor die Zehen
und sprach: „Du bist zwar nicht richtig im Bild,
doch kannst du jetzt aufstehn und gehen!"

Und Petrus erhob einen Arm in die Luft –
da fielen die Ketten nieder.
Das rasselte in der Kerkergruft
und draußen im Vorraum wider.

Die Wächter verhielten sich immer noch stumm
und wie taub und mit Pfropfen geknebelt;
sie wirkten geistesabwesend und dumm
und im übrigen ziemlich benebelt.

Simon Petrus brauchte auch sichtlich Zeit,
das Erfahrene zu ergründen.
Er suchte verzweifelt sein Oberkleid
und konnte den Eingang nicht finden.

„Vergiß nicht den Gürtel!" –
                        der Engel sprach's leis'
und zwar zu mehreren Malen;
„und dann an die Füße, so viel ich weiß,
gehören noch deine Sandalen!"

Der Schlaftrunk'ne tappte kopflos herum
und es war ihm, als ob er träume.
In der Nähe vernahm er der Wächter Gebrumm,
als zersägten sie Libanonbäume.

Den Engel gleich neben sich sah er nicht
und hörte nur heimliche Worte
und suchte nach einem markanten Gesicht
von der menschengestaltigen Sorte.

Doch sah er nur immer in blendendes Licht,
das hat ihn zutiefst irritiert.
Und der Engel hat ihn behutsam und schlicht
aus der Zelle hinausgeführt.

Dann ging's durch den Vorraum:
                       die Wächter dort,
die standen wie Säulen – erstarrt;
und dann durch die Tür ins Freie fort,
und die Tür hat nicht einmal geknarrt.

Kein Mensch auf der Straße. Des Engels Schritt
ist leicht und aus lauterem Licht.
Und Petrus, der läuft schlafwandlerisch mit
und weiß und begreift es nicht.

Dann hohe Mauern. Das eiserne Tor,
das in die Stadt hineinführt.
Sie stehen zuerst wie ratlos davor,
weil sich nichts bewegt und nichts rührt.

Aber plötzlich quietschen die Angeln schrill,
und das schwere Tor tut sich auf;
dann wird es auf einmal wieder ganz still,
nur die Licht-Stimme flüstert: „Jetzt lauf!"

Und als Petrus inzwischen zielstrebig eilt
durch die mitternächtlichen Gassen,
da merkt er, als mittendrin er verweilt:
die Erscheinung hat ihn verlassen!

Nun atmet er auf und fühlt sich ganz leicht
und möchte schier tanzen und springen:
Wenn ein Schrecken dir erst
                    aus den Gliedern weicht,
dann ist Zeit, Halleluja zu singen!

Aber Petrus hält ein und im Augenblick
durchzuckt ihn blitzhaftes Erkennen;
in Gedanken geht er ein Wegstück zurück
und fängt sogar an zu rennen.

Am Stadttor endlich beschließt er den Lauf,
steht stumm vor der eisernen Mauer;
die bleibt fest verschlossen und tut sich nicht auf,
und Petrus erkennt genauer:

Das Licht, das in seinen Kerker fiel
und ihm wunderbar löste die Ketten:
Es war kein Trug und kein Gaukelspiel –
ach! ein Engel kam, ihn zu retten.

ಸಾ

Im Haus der Maria zur nächtlichen Zeit
blieb versammelt in Angst und Nöten
die kleine verborgene Christenheit
und fuhr fort beharrlich zu beten.

Sie baten den gütigen, himmlischen Herrn
um das Heil ihrer armen Seelen
und um einen glücklichen, strahlenden Stern
für ihr Leben in finsteren Höhlen.

Um Hoffnung baten, um Zuversicht
die verschreckten Schwestern und Brüder
und um gute Bewahrung im Endgericht
und um Hoffnung schenkende Lieder.

Und für Petrus baten sie, ihren Freund,
der im Kerker sitze und leide.
Er sei wie ein Hirte, der sie vereint'
und stets führte auf saftige Weide.

Nun habe Herodes mit teuflischem Plan
ihren Petrus gefangen genommen,
und fange in Kürze der Morgen an,
dann sei sein Gerichtstag gekommen.

So flehten sie kummervoll zu ihrem Gott,
er möge ihr Klagen erhören
und den Petrus befreien, den Heiden zum Spott,
und die Kraft ihres Glaubens vermehren.

Und es stehe in seiner himmlischen Macht,
seiner Allmacht zu allen Dingen,
ihren Petrus im Schutze der sternklaren Nacht
frei zu ihnen nach Hause zu bringen.

Sie beteten lang und hingebungsvoll
im Geiste vereint und verschworen,
bis plötzlich ein heftiges Klopfen erscholl
an den mehrfach verriegelten Toren.

Das Beten brach ab. Man schaute sich an
mit erschreckten und unsteten Blicken.
Dann befand man, es sei sicher wohl getan,
die Magd Rhode nach draußen zu schicken.

Die schlich sich verschüchtert und horchte am Tor
und hörte das Klopfen und Rufen; -
und kam im Jubelsturm wieder hervor,
dass sie stolperte über die Stufen.

„Mein Gott!" rief sie in den kleinen Kreis
der wartenden, bangenden Frommen;
„ein Wunder; das größte der Wunder, wer weiß;
er ist frei und ist zu uns gekommen!"

„Von Wundern", rügt einer, „spricht man nicht ganz
so rasch und flüchtigerweise;
das ist kein Losglück und Firlefanz,
der sich einstellt zu billigem Preise!"

„Mir scheint", sagt ein andrer, „es ist dir vielleicht
etwas wahnhaft zu Kopfe gestiegen,
dass der klare Verstand plötzlich von dir weicht
und die Sinne dich blöde betrügen.

Denn Petrus, wir wissen es alle genau,
sitzt in Eisen und Ketten geschlossen
und ist sicher bewacht im Gefängnisbau. –
Also lass deine kindischen Possen!"

Doch die Rhode lacht, und die Tränen rinnen
und benetzen ihr strahlend' Gesicht:
„Ach, glaubt mir, ich bin überhaupt nicht
                                  von Sinnen
und träume und lüge doch nicht!

Am Tor hab' ich Petrus deutlich gehört,
seine Stimme ist nicht zu verkennen;
das hat mich beglückt und auch etwas verstört
und ich musste gleich zu euch rennen."

Man beschwichtigt und tröstet und redet
                                  noch dies
und das an vernünftigen Sachen.
Simon Petrus, weiß Gott, sitze fest im Verließ,
daran könne man leider nichts machen.

Aber draußen lärmt's weiter, mit Pochen
                              und Schrei'n,
bis Maria sich trotzig erhebt
und mit Rhode, der Wärterin, im Verein
durch die Flure zum Eingangstor strebt.

Die übrigen sitzen, aufs Höchste gespannt,
wie die Sache nun weiter geht;
und sie starren zur Zimmertür wie gebannt, -
in der plötzlich ihr Petrus steht.

„Frieden mit euch!" sagt dieser,
                        „ich hab' schon gedacht,
ihr wollt mich nicht zu euch lassen
und schickt mich mit Nachdruck in dieser Nacht
zu den Hunden hinaus auf die Gassen."

Und er lacht und begrüßt und umarmt sie all'
und erklärt unter Jubel und Tränen:
„Ihr habt ja nun wirklich in diesem Fall
nicht mit Wundern rechnen können.

Doch eins, meine Freunde, ist wahr und gewiß:
aufs Gebet ist allzeit zu bauen.
Allein wichtiger noch als Beten ist dies:
auf Gebets*erhörung* vertrauen!"

∞

Am folgenden Tag in der Morgenfrüh
saß König Herodes beim Baden.
Das Warmwasser spielte um seine Knie
und die herrschaftlichen Waden.

Er dachte an die beschwerliche Last
mit so vielen Regierungsgeschäften
und dass sie ihn brachten in Hektik und Hast
und zehrten an seinen Kräften.

Da trank er zum Trost einen Schluck süßen Wein
und zupfte vom Obstteller Trauben:
Was man durchmacht als König, das wollte ja kein
Judäer ermessen und glauben!

Ein Seufzer entrang sich des Königs Brust,
als ein Sklave Heißwasser nachgoss:
„Die Plebejer, sie denken, es sei lauter Lust,
zu regieren im prachtvollen Schloss.

Dabei ist man Tag und Nacht angespannt
und von Sorgen ums Volk getrieben;
nur leider ist dieses zu wenig bekannt,
sonst müssten den König sie lieben!"

Und als der Sklave mit Sorgfalt und Kunst
ihm den schorfigen Rücken bürstet
und der König im steigenden Heißwasserdunst
eben jammert, wie sehr es ihn dürstet,

Betritt unverhofft mit soldatischem Gruß
ein Bote die Badehallen
und erklärt, dass er umgehend melden muss,
was im Kerkerhaus vorgefallen.

Des Königs Miene nimmt Bitterkeit an
und er flucht dem ewigen Stören;
dann winkt er seinen Soldaten heran:
er wolle ihn kurz und knapp hören.

Der Bote räuspert sich, ehe er spricht:
„Verzeiht, wenn ich euch nicht erquicke;
denn fröhliche Nachrichten gibt's leider nicht,
soweit ich den Fall überblicke.

Der gefangene Petrus, – er ist heute nacht
(dieses Haupt der neumodischen Frommen)
mit Hilfe von Spuk und Zaubermacht
aus dem Kerker heimlich entkommen."

Herodes, der plötzlich aufrecht sitzt
in seinem behaglichen Bade,
schlägt heftig ins Wasser, so dass es spritzt,
und erhebt sich kerzengerade:

„Ja, bin ich nun König?" so schreit er
                                 und schnaubt,
„und habe im Land zu regieren? –
Und erlebe, wie man Gefang'ne mir raubt? –
Was sind denn das für Manieren!

Die Wächter, die Tröpfe sollen gehn
und des Königs Strafe spüren.
Ich will ihre Köpfe rollen sehn,
ein Exempel zu statuieren!"

Dann lässt sich Herodes mit zornigem Schwung
erneut in die Wanne hernieder,
und der Bote entrinnt nur mit kräftigem Sprung,
denn die Wanne schwappt flutartig über.

„Es ist", klagt der König, „in diesem Land
nicht vergnüglich, herrschen zu sollen,
wo die Landeskinder, wie allseits bekannt,
rein aus Bosheit bloß tun, was sie wollen."

ඡ

Reisegeschichten einmal anders

Viele Reisende kennt auch die Bibel, sie heißen Abraham und Sara, Mose, Jakob, Rut, Jona, die Heiligen Drei Könige oder Paulus. An ihnen und anderen Personen aus der Bibel zeigt der Pfarrer und Publizist Gerhard Engelsberger, was Reisen bedeutet: Sich aufzumachen in die Fremde, sich Gott anzuvertrauen, ihm auf vielfältige Weise zu begegnen und reich beschenkt zu werden.

90 Seiten, hochwertiger Leineneinband
ISBN 978-3-7918-8000-6

www.verlag-eva.de

Ein Begleitbuch für Reisende

Der Pfarrer und Autor Gerhard Engelsberger nimmt den Reisenden an die Hand und erwandert mit ihm einen ganzen Horizont von Themen: Vom Abschiednehmen und Loslassen, Verlieren und Finden, über heilige Orte, das Staunen über Naturschönheiten, über Umwege und Holzwege und schließlich über das Heimkommen. Ein Reisebegleiter für gute Erfahrungen, egal wohin die Reise geht.

90 Seiten, hochwertiger Leineneinband
ISBN 978-3-7918-8001-3

www.verlag-eva.de